MAIRIE DE LA VILLE D'ANNECY

(Haute-Savoie)

STATUT

DU

Personnel des Services Municipaux

RÈGLEMENT GÉNÉRAL

ANNECY

IMPRIMERIE COOPÉRATIVE " L'ABEILLE "

1923

STATUT

DU

Personnel des Services Municipaux

ARRÊTÉ

Le Maire de la Ville d'Annecy, Chevalier de la Légion d'Honneur ;

Vu la loi du 5 avril 1884 ;

Vu les délibérations du Conseil municipal d'Annecy, en date des 21 septembre et 19 octobre 1923 ;

Vu la loi du 30 janvier 1923, réservant des emplois aux anciens militaires pensionnés, aux veuves et orphelins de guerre ;

ARRÊTE :

CHAPITRE 1er

Classification des Services et détermination du Personnel

ARTICLE PREMIER. — Les employés de la Ville d'Annecy seront, à partir du 1er janvier 1924, classés dans l'une des catégories ci-après :

1re catégorie. — Service de la Mairie.
2e   —   — de la Voirie.
3e   —   — des Travaux.
4e   —   — de la Police.
5e   —   — de l'Octroi.
6e   —   — de l'Internat Municipal annexé au Lycée de Jeunes Filles.
7e   —   — de la Recette municipale.
8e   —   — du Musée et Musique.
9e   —   — divers.

Art. 2. — Le Service de la Mairie (1re catégorie) comprend :
Le Secrétaire Général ;
Les Chefs de Bureau ;
Les Sous-Chefs de Bureau ;
Les Rédacteurs ;
Les Appariteurs, Concierge et Garçons de Bureau.

Art. 3. — Le Service de la Voirie (2e catégorie) comprend :
L'Ingénieur-Voyer ;
Le Chef Piqueur ;
Le Commis ;
Le Chef Cantonnier ;
Le Sous-Chef Cantonnier ;
Les Cantonniers ;
Le Chauffeur-Mécanicien (arroseuse-balayeuse);
Le Mécanicien-Chef de l'Usine élévatoire ;
L'Aide-Mécanicien ;
L'Ouvrier-Chef chargé des canalisations ;
L'Ouvrier-Aide chargé des canalisations.

Art. 4. — Le Service des Travaux (3e catégorie) comprend :
L'Architecte Municipal ;
Le Dessinateur ;
Le Commis ;
Le Jardinier-Chef ;
Les Aides Jardiniers ;
Le Conservateur du Théâtre.

Art. 5. — Le Service de la Police (4e catégorie) comprend :
Le Commissaire ;
Le Brigadier ;
Le Sous-Brigadier ;
Les Agents.

Art. 6. — Le Service de l'Octroi (5e catégorie) comprend :
Le Préposé en Chef ;
Les Receveurs ;
Les Surveillants.

Art. 7. — Le Service de la 6e catégorie (Internat du Lycée de Jeunes Filles) comprend :
L'Agent spéciale, soit Econome d'Internat ;
La Surveillante générale d'Internat ;
Les Maîtresses surveillantes ;
Le Jardinier-Chauffeur ;
La Cuisinière ;
La Lingère-Infirmière.

Art. 8. — Le Service de la 7e catégorie comprend :
Le Receveur Municipal.

Art. 9. — Celui de la 8e catégorie comprend :
Le Professeur de Musique des Ecoles communales, Directeur de la Musique Municipale ;
Le Conservateur du Musée et de la Bibliothèque ;
Le Surveillant du Musée ;

Art. 10. — Le Service de la 9e catégorie (Services divers) comprend :
Les Concierges des Ecoles ; les Femmes de peine ; le Concierge des Services financiers (Services rattachés au Secrétariat de la Mairie) ;
Le Gardien du Cimetière ; le Fossoyeur ; le Serviteur de l'Abattoir ; le Préposé au Chenil public (Services rattachés à la Police).
L'Office départemental de Placement est rattaché au Secrétariat de la Mairie.

CHAPITRE II

Recrutement

Art. 11. — Tout postulant à un emploi municipal devra être Français et être âgé de 18 ans au moins et de 35 ans au plus.
Sa demande écrite par lui-même sera adressée au Maire et accompagnée d'un bulletin de naissance, d'un extrait du casier judiciaire et de toutes pièces qu'il jugera utiles, pour permettre de constater sa moralité et ses capacités.
Les Candidats aux emplois de Chef de Service et du Lycée ne sont pas soumis à la limite d'âge.

Art. 12. — Les Candidats à la direction des Services des Travaux et de la Voirie peuvent être nommés sur titres. Ceux aux emplois de la Mairie, des Bureaux de la Voirie, des Travaux, de la Police et de l'Octroi, subiront un examen comprenant : une dictée (orthographe et écriture), des problèmes ou questions de calcul, une rédaction appropriée à l'emploi sollicité.

La Commission d'examen comprendra : le Maire ou l'un de ses adjoints, Président ; deux Conseillers municipaux ; le Chef de service intéressé.

Les résultats de l'examen seront remis à la Municipalité pour l'éclairer dans ses décisions.

Art. 13. — Les Chefs de Service et le Personnel du Lycée seront nommés sur titres.

Art. 14. — Certains emplois de la 9e catégorie et les auxiliaires de la Police pourront être confiés à des retraités ou à des pensionnés militaires, mais ceux-ci ne recevront que le traitement affecté à la dernière classe de l'emploi ; ils ne pourront jouir des avantages de l'avancement ni de ceux de la Caisse Communale des Retraites et ne pourront rester en service après 60 ans d'âge.

Art. 15. — Les Candidates à l'emploi de Maîtresses-Surveillantes d'Internat devront être âgées d'au moins 20 ans ou avoir passé après leur sortie du Lycée au moins un an, soit à l'étranger, soit dans un autre Etablissement comme Elève ou comme Surveillante.

CHAPITRE III

Classes et Traitements

1re CATÉGORIE. — MAIRIE

Art. 16. — Le Personnel de la Mairie comprend cinq classes et les traitements sont ainsi fixés :

	5e cl.	4e cl.	3e cl.	2e cl.	1re cl.
Secrétaire Général.	8.500	9.000	10.000	11.000	12.000
Chefs de Bureau....	6.000	6.500	7.000	7.500	8.000
S/Chefs de Bureau.	»	»	»	»	6.400
Rédacteurs	4.600	5.000	5.400	5.800	6.200
Appariteurs	4.000	4.200	4.600	5.000	5.400

a) Le Secrétaire Général pourra, sur proposition de M. le Maire et après avis conforme du Conseil municipal, être promu à une classe exceptionnelle de 14.000 francs, suivant le troisième paragraphe de l'article 35.

b) Les stagiaires recevront un traitement inférieur de 400 francs au traitement de la classe dans laquelle ils seront nommés.

c) Les Dactylographes seront traitées comme les Rédacteurs et jouiront de tous les avantages de ces derniers.

d) Les rédacteurs, après trois ans de service dans la 1re classe, pourront être nommés Sous-Chefs de Bureau sur la proposition du Maire et après un vote favorable du Conseil municipal. Ce titre et les avantages qu'il comporte ne pourra être que le résultat d'un dévouement constant, complet et d'aptitudes reconnues.

e) Les Rédacteurs et Appariteurs ayant moins de 21 ans ne pourront être nommés définitivement avant 21 ans accomplis ; leur salaire ne pourra être supérieur à celui d'un stagiaire.

f) L'Appariteur-Concierge devra être marié ; il doit être à toute heure à la disposition des besoins de la Mairie, de la Municipalité et du public. La loge doit constamment être gardée par sa femme ou par lui. Sa femme recevra à cet effet une somme fixe de 400 francs par an.

Dans les cas exceptionnels où l'un ou l'autre devraient s'absenter, ils ne le pourront qu'en se faisant remplacer par une personne de confiance connaissant l'Hôtel de Ville et agréée par le Maire.

2e CATÉGORIE. — VOIRIE

Art. 17. — Le Personnel de la Voirie comprend cinq classes suivant le tableau ci-après. — Les traitements et salaires sont ainsi fixés :

	5e cl.	4e cl.	3e cl.	2e cl.	Ire cl.
Ingénieur-Voyer ...	8.000	8.500	9.000	9.500	10.000
Chef Piqueur......	6.000	6.400	6.800	7.400	8.000
Commis..........	4.600	5.000	5.400	5.800	6.200
Chef Cantonnier...	4.400	4.800	5.200	5.600	6.000
S/Chef Cantonnier.	4.400	4.600	4.800	5.000	5.200
Cantonniers	4.000	4.200	4.400	4.600	4.800
Arroseuse-Balayeuse					
Chauffeur-Mécanic^n	4.800	5.000	5.400	5.800	6.200
Usine Elévatoire					
Mécanicien-Chef...	4.800	5.000	5.400	5.800	6.200
— Aide...	4.400	4.600	4.800	5.000	5.200
Canalisations					
Ouvrier-Chef	4.800	5.000	5.400	5.800	6.200
— Aide......	4.400	4.600	4.800	5.000	5.200

a) Le Chef Cantonnier, le Mécanicien-Chef de l'Usine élévatoire, le Chauffeur-Mécanicien de l'Arroseuse-Balayeuse, l'Ouvrier-Chef des Canalisations ont droit au logement gratuit.

b) Les Stagiaires dans les Bureaux recevront 400 francs de moins que le traitement de la 5e classe.

c) Le Commis de la Voirie pourra être traité comme les Rédacteurs de la Mairie, en tant que titres et avantages des Sous-Chefs de Bureau, dans les mêmes conditions que ces derniers.

3e CATÉGORIE. — TRAVAUX

ART. 18. — Le Personnel des Travaux comprend cinq ou trois classes, suivant le tableau ci-après :

	5e cl.	4e cl.	3e cl.	2e cl.	Ire cl.
Architecte Municip¹	8.000	8.500	9.000	9.500	10.000
Dessinateur........	6.000	6.400	6.800	7.400	8.000
Commis...........	4.600	5.000	5.400	5.800	6.200
Jardins Publics					
Jardinier-Chef......	5.000	5.200	5.600	6.000	6.400
Aides-Jardiniers ...	4.000	4.200	4.400	4.600	4.800
Théâtre					
Conservateur	»	»	2.800	3.100	3.400

a) Les Stagiaires toucheront 400 francs de moins que le traitement de la 5ᵉ classe.

b) Le Commis aux travaux sera traité comme les Rédacteurs de la Mairie pour le titre et le traitement des Sous-Chefs de Bureau.

c) Le Jardinier-Chef et le Conservateur du Théâtre ont droit au logement gratuit, ainsi qu'au chauffage et à l'éclairage. Il est interdit au Jardinier-Chef de faire le commerce de plantes et de fleurs.

4ᵉ CATÉGORIE. — POLICE

Art. 19. — Le Personnel de la Police comprend cinq classes, avec les traitements fixés ci-après :

	5ᵉ cl.	4ᵉ cl.	3ᵉ cl.	2ᵉ cl.	1ʳᵉ cl.
Commissaire : Traitement et classes fixés pr l'Etat					
Brigadier...........	5.800	6.100	6.400	6.700	7.000
Sous-Brigadier.....	4.800	5.100	5.400	5.700	6.000
Agents.............	4.200	4 500	4.800	5.100	5.400

Les Agents temporaires pendant la saison d'été seront au nombre de quatre et payés à raison de 300 francs par mois.

a) Les Agents qui auront fait preuve de zèle dans l'accomplissement de leurs fonctions pourront recevoir en cours ou en fin d'année une gratification exceptionnelle. A cet effet, un crédit de 500 francs sera ouvert au budget et mis à la disposition du Maire.

b) Les stagiaires auront un traitement inférieur de 200 francs à celui de la 5ᵉ classe.

c) Le Bureau du Commissaire de Police ne doit jamais être abandonné pendant les heures de service.

d) Le Brigadier, Sous-Brigadier et les Agents reçoivent gratuitement leurs uniformes, et touchent annuellement une indemnité de chaussures de cent francs.

e) Les Agents sont tenus d'assurer le service de nuit sans rétribution spéciale ; les services particuliers (Théâtre, Cinéma, Bal, etc.) leur seront payés par les intéressés suivant un tarif fixé par le Maire. Les sommes ainsi recueillies seront partagées entre le Brigadier, Sous-Brigadier et les Agents. Ces heures n'entrent pas en compte dans les heures de service public.

4e CATÉGORIE. — OCTROI

ART. 20. — Le personnel de l'Octroi comprend 5 classes ; et les traitements sont fixés comme suit :

	5e cl.	4e cl.	3e cl.	2e cl.	1re cl.
Préposé en Chef...	7.000	7.600	8.200	8.800	9.600
Receveurs	4.200	4.600	5.000	5.400	5.800
Surveillants	4.000	4.400	4.700	5.000	5.300

a) Le Préposé en Chef est chargé de la Direction des Services de l'Octroi, des droits de place, de pesage et de la perception de la taxe de séjour.

b) Les stagiaires auront un traitement inférieur de 200 francs à celui de la 5e classe.

c) Les indemnités spéciales (frais de bureau, caisse, poids, abatage, place) seront maintenus. — L'indemnité accordée pour les droits de place est de 2 °/₀.

d) Les deux employés à l'abattoir reçoivent le logement gratuit.

e) Le Vétérinaire-Inspecteur, non classé comme employé municipal, recevra une indemnité fixe de 4.200 francs par an.

6e CATÉGORIE. — LYCÉE DE JEUNES FILLES

ART. 21. — Le personnel administratif ou enseignant du Lycée de Jeunes Filles comporte 5 classes ; les agents de service sont classés en 3 catégories.

Les traitements et salaires sont ainsi fixés :

	5e cl.	4e cl.	3e cl.	2e cl.	Ire cl.
Agent spéciale (Econome d'Internat).	3.300	3.600	3.900	4 200	4.500
Surveil^{te} générale..	3.300	3.600	3 900	4.200	4 500
Surveillantes	1.800	2.000	2.400	2.700	3.000
Jardinier-Chauffeur	1.650	1.800	1.950	2.100	2.250
Cuisinière	1.400	1.600	1.800	1.900	2 000
Lingère	1.050	1.200	1.350	1.500	1.650
Concierge de l'Externat, indemnité fixe	»	»	»	»	400
Médecin, indemnité fixe	»	»	»	»	1.800

a) Tout le personnel municipal du Lycée a droit au logement meublé, à la nourriture, au blanchissage et aux prestations.

7e CATÉGORIE. — RECETTE MUNICIPALE

Art. 22. — Le traitement et l'avancement du Receveur Municipal restent conformes aux lois et règlements sur la matière.

Une indemnité spéciale portera son traitement annuel et légal à dix mille francs.

8e CATÉGORIE. — MUSÉE, BIBLIOTHÈQUE, MUSIQUE

Art. 23. — Les traitements et classes sont fixés comme suit :

	3e cl.	2e cl.	Ire cl.	Cl. Except.
Directeur de la Musique Municipale et Professeur	5.000	5.500	6.000	8.000
Conservateur du Musée...	6.000	6.600	7.200	
Surveillant du Musée.....	1.600	1.800	2.000	

a) Le Sous-Directeur de la Musique Municipale recevra une indemnité de 900 francs, sans toutefois être classé comme employé municipal.

b) Le Conservateur du Musée a droit au logement gratuit.

9ᵉ CATÉGORIE. — SERVICES DIVERS.

ART. 24. — Les emplois divers sont classés en deux catégories, avec les traitements suivants :

	3ᵉ cl.	2ᵉ cl.	Iʳᵉ cl.
Concierges des Ecoles..........	3.600	3.900	4.200
a) avec augmentation de 50 fr. par salle de classe au-dessus de 14.			
b) avec augmentation de 200 fr. pour le chauffage central des 3 écoles du Groupe Carnot.			
Femmes de peine (Ecoles maternelles)	2.200	2.500	2.800
avec augmentation de 50 fr. par salle de classe au-dessus de 4.			
Gardien du Cimetière..........	3.400	3.900	4.200
Fossoyeur.......................	3.700	4.100	4.500
Concierge de l'Abattoir........	3.400	3.700	4.000
Préposé au Chenil public.......	3.400	3.700	4.000
Concierge des Services Financiers	1.500	1.800	2.000

Les Concierges ont droit au logement, à l'éclairage et au chauffage. Le Gardien du Cimetière et le Préposé au Chenil public ont droit au logement.

CHAPITRE IV

Stage - Titularisation - Avancement - Retraite

ART. 25. — Sont soumis au stage les Candidats aux emplois de la Mairie, de l'Octroi, de la Police, des Travaux et de la Voirie (les Cantonniers exceptés).

ART. 26. — Le stage aura une durée de six mois à un an.

Art. 27. — Ne sont pas soumis au stage les employés qui, ayant déjà un emploi municipal, aspirent à un autre grade ou à un autre service.

Art. 28. — Les Stagiaires pourront être licenciés par le Maire, à toute époque et sans préavis ; ils ne pourront prétendre à une indemnité quelconque.

Art. 29. — Le Stagiaire qui aura prouvé par un service satisfaisant qu'il est apte à remplir son emploi, sera titularisé dans les limites de l'article 24 au moment où le Maire estimera son stage suffisant ; mais ses années de services ne seront comptées pour l'avancement qu'à partir du 1er janvier qui suivra sa titularisation.

Art. 30. — Toutes les nominations aux emplois municipaux sont faites par le Maire, conformément aux lois et règlements.

Art. 31. — Les promotions ne partiront que du 1er janvier de chaque année.

Art. 32. — Les Chefs de Service et les Fonctionnaires du Lycée ne seront pas astreints à débuter dans la 5e classe s'ils sont âgés de plus de 35 ans. Ils pourront être immédiatement classés en 4e s'ils ont de 35 à 40 ans, en 3e s'ils ont de 40 à 45 ans, en 2e s'ils ont de 45 à 50 ans. En aucun cas ils ne pourront débuter par la première classe.

Art. 33. — L'avancement des employés aura lieu comme suit :
De la 5e à la 4e classe. — Après 3 ans de 5e classe.
De la 4e à la 3e classe. — Après 4 ans de 4e classe.
De la 3e à la 2e classe. — Après 5 ans de 3e classe.
De la 2e à la 1re classe. — Après 6 ans de 2e classe.

Art. 34. — Tout employé qui se sera fait remarquer par son dévouement et sa discrétion pourra être promu au choix sur la proposition du Maire.

Les propositions au choix auront lieu pour l'entrée en 4e, en 3e, en 2e et 1re classe, un an avant l'entrée dans ces classes par droit d'ancienneté.

Le nombre des promotions au choix ne pourra jamais dépasser le tiers du nombre total des promotions à l'ancienneté.

Art. 35. — Les employés municipaux ayant moins de 60 ans d'âge pourront, après *huit* ans de première classe, recevoir une promotion spéciale dite hors classe personnelle, sur proposition du Maire et vote favorable du Conseil Municipal.

Cette promotion donnera droit à une augmentation de traitement fixée par le Conseil Municipal pour les Chefs de Service et égale à la différence existant entre le traitement de 2ᵉ classe et celui de la 1ʳᵉ classe pour les autres employés.

Les dispositions de cet article ne seront applicables qu'à partir du 1ᵉʳ janvier 1926.

ART. 36. — Tout employé qui augmentera de grade sera placé dans la classe de son nouveau grade immédiatement inférieure à celle qu'il occupait dans l'ancien.

Les années passées dans cet ancien grade compteront pour l'avancement dans le grade supérieur.

Exemple : Un agent ayant trois ans de service en 2ᵉ classe passerait sous-brigadier en 3ᵉ classe et n'aurait plus que deux ans à faire dans cette classe pour avoir droit à une promotion.

ART. 37. — La limite d'âge est fixée pour tous les employés à 60 ans. Toutefois, le Conseil Municipal pourra proroger, sur demande de l'intéressé, cette limite jusqu'à 62 ans.

ART. 38. — La Ville garantit à chacun de ses employés une pension de retraite qui sera déterminée conformément à l'article 19 du règlement municipal de la Caisse des retraites, approuvé par décret du 3 octobre 1913. Les employés jouissant du logement et de la nourriture auront une retraite calculée sur leur traitement, augmenté de la valeur de ce qu'ils jouissent en nature.

CHAPITRE V

Indemnités de résidence
et pour charges de famille

ART. 39. — Tout employé municipal titulaire recevra une indemnité annuelle de *deux cents* francs par enfant au-dessous de seize ans.

Cette indemnité est portée à 260 francs pour le deuxième enfant, à 300 francs pour le troisième et pour chacun des suivants.

Art. 40. — L'indemnité pour charge de famille sera payée trimestriellement.

Art. 41. — Une indemnité annuelle de résidence de 400 francs est accordée à tout employé municipal, marié, veuf ou célibataire ayant une personne à sa charge ; cette indemnité est de 240 francs pour les célibataires.

CHAPITRE VI

Congés

Art. 42. — La loi du 13 juillet 1906 sur le repos hebdomadaire sera strictement appliquée à tous les employés municipaux.

Les Chefs des Services qui ne peuvent être interrompus le dimanche dresseront un ordre de roulement pour le repos de leurs employés. Cet ordre de roulement devra être approuvé par le Maire.

Art. 43. — Tous les Chefs de Service et les Employés de la première catégorie, sédentaires, auront droit à un congé annuel de 15 jours qui pourront être consécutifs ou non sur la demande de l'intéressé (et après avis favorable du Chef de Service, pour les employés subalternes).

Art. 44. — Les congés pour maladie, s'ils n'excèdent pas un mois, ne diminueront en rien le congé annuel : mais celui-ci ne sera pas accordé si l'employé a déjà obtenu dans le courant de l'année un congé de plus de 45 jours.

Art. 45. — Les Employés du Lycée assureront, par parts égales, le service des vacances scolaires, conformément aux indications données par la Directrice de l'Etablissement.

Art. 46. — Tous les employés non visés par les deux articles précédents auront droit à un congé annuel de 8 jours consécutifs ou non.

Art. 47. — Il sera tenu par chaque Chef de Service un registre des congés accordés à chaque employé. Chaque congé sera soumis, pour sa validité, au visa du Maire ou de son délégué.

La date des congés de tout employé est fixée par le Maire, après avis des Chefs de Service.

Art. 48. — Les congés pour maladie sont délivrés sur certificat médical dressé par un Médecin choisi par le Maire, ils sont limités à 3 mois avec plein traitement et à une seconde période de 3 mois à demi-traitement.

CHAPITRE VII

Discipline

Art. 49. — Tout employé municipal remplissant les conditions d'âge et de services prévues par délibération du Conseil Municipal en date du 20 février 1914, recevra la Médaille d'argent, aux armes de la Ville, récompense qui lui donnera droit à une allocation annuelle et viagère fixée à cent francs, à partir du 1er janvier 1921.

Art. 50. — Il est interdit à tout employé municipal de se livrer pendant les heures de service à un travail étranger à sa tâche; il lui est également interdit de se livrer à une profession rémunératrice étrangère à son service, sans autorisation du Maire. Cette autorisation sera retirée lorsque le Maire la jugera préjudiciable au service municipal.

Art. 51. — Tout employé municipal qui aura négligé son service ou commis une faute grave, sera frappée de l'une des peines suivantes :
1° La réprimande verbale.
2° La réprimande avec inscription au registre du Conseil de discipline et privation de deux jours de traitement.
3° La suspension de travail et de traitement de dix jours à un mois.
4° Le retard d'une année dans l'avancement.
5° La mise en disponibilité permettant la réintégration au gré de la Municipalité, mais avec un avis favorable du Conseil de discipline.
6° La révocation définitive.

Art. 52. — Les deux premières peines seront appliquées directement par le Maire.

Les troisième, quatrième, cinquième et sixième peines seront également prononcées par le Maire. mais après avis consultatif d'un Conseil de discipline.

Art. 53. — Le Conseil de discipline sera composé d'un adjoint, délégué par le Maire, président ; de deux Conseillers municipaux. de deux employés municipaux, dont un chef de service, élus par leurs collègues. Ces membres sont nommés au mois de mai et la durée de leur mandat est égale à la moitié de celle du Conseil Municipal en exercice.

Art. 54. — Dans le cas où l'employé incriminé serait un des élus, il serait procédé à son remplacement par des élections précédant la décision à intervenir.

Art. 55. — Tout employé incriminé sera appelé à fournir des explications sur son cas et à présenter ses moyens de défense. Il pourra comparaître lui-même ou se faire représenter devant le Conseil de discipline.

Art. 56. — Le Conseil choisira parmi ses membres :

1º Un secrétaire qui tiendra un registre sur lequel seront inscrites toutes les décisions du Maire (la première peine exceptée) et tous les avis du Conseil.

2º Un rapporteur qui sera chargé d'étudier les questions et de les exposer au Conseil.

Art. 57. — Les décisions du Maire prises en conformité du règlement resteront sans appel.

CHAPITRE VIII

Art. 58. — Le présent statut entre en vigueur le 1er janvier 1924.

Sont et demeureront abrogées toutes les dispositions antérieures au présent règlement.

Annecy, le 23 octobre 1923.

Le Maire,
J. BLANC.

TENEUR D'APPROBATION

Approuvé.

Annecy, le   1923.

Le Préfet,

Pour copie conforme:

Le Maire,

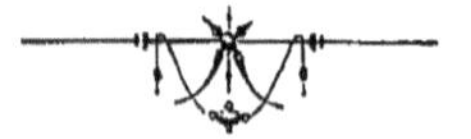